나만 영어가 ▓▓▓▓ ▓▓ 1쪽

영▓ ▓▓ ▓ ▓ | 첫 책을 쓰게 된 계기 |
두▓ ▓▓ ▓ ▓ | 책을 끝까지 읽지 못하는 이유 |
끝▓ ▓▓ ▓▓ ▓▓ | 나만 영어를 못한 축복

다른 사람의 영어 공부법이
나에게는 안 맞는 이유 7쪽

300명에게 물어 본 영어공부 방법 | 영화 한 편으로 공부했다가 실패하는 이유 |
영어가 안 들리는 이유? | 상황별 영어는 무용지물 | 프리토킹의 함정 |
영어를 잘하게 되는 유일한 방법 | 문법에서 가장 중요한 것 |
문법 패턴과 문장 패턴의 차이 | 영어를 자유롭게 말하려면 걸리는 시간 |
좋은 책 고르는 법 | 꾸준히 공부할 수 있는 비결

집에서 영어 가르치는 법 15쪽

말하기/듣기를 먼저 하는 이유 | 쓰기가 필요한 이유 | 읽기가 필요한 이유 |
루나를 직접 가르친 계기 | 루나가 해온 것들, 하는 것들 | 이후에 루나가 할 것들

영어 MBTI 21쪽

1~29 질문 | MBTI 약어 해설

MBTI 수준별 영어 책 추천 33쪽

영어 책 (입문 ▶ 초급 ▶ 초중급 ▶ 중급 ▶ 상급) | 배송비 절약문고 | 한글 책

도서관 저자 초대 강의 제안 57쪽

강사 약력 | 자기주도 영어 독서노트 | 하루 15분 엄마표 영어

마이클리시 도서 목록 (가-나-다 순서) 61쪽

**영어가
세상에서
가장 싫었던
이유**

선생님께서 영어를 읽게 시켰다. 나는 candle(캔들, 양초)을 candy(캔디, 사탕)로 읽었고, 친구들은 크게 웃으며 즐거워했지만, 내게는 평생의 상처였다. 나를 뺀 모든 학생은 초등학생 때 이미 영어를 배웠고, 나만 중학생 때 처음 영어를 배웠다. 수업은 다른 학생에 맞춰 진행됐다.

영어를 아무리 열심히 해도 잘할 수 없었다. 중학교 2학년 때 당시 가장 유명한 '성문기초영어'를 혼자서 4시간 가량 봤지만, 첫 단원의 문제도 풀리지 않았다. 익힌 것은 5형식이었는데, 문제에는 5형식 문장 구조와 상관 없는 성분들이 섞여 나오니 풀 수 없었다. 수능 역시 거의 만점을 받았지만, 영어는 80점 만점에 60점을 받았다.

대학교 입학해서는 절대 영어공부는 하지 않겠다고 다짐했지만, 졸업과 취업을 하려면 다시 할 수밖에 없었다. 영어 잘하는 사람을 만날 때마다 '영어 공부법'을 물어봤고, 그 방법대로 다 해봤지만, 영어 실력은 늘지 않았다.

**학비를
벌기 위해**

대학생 때 운 좋게 좋은 선생님을 만나, 영어를 '학문'이 아니라 '언어'로 알게 됐고, 영어가 재미있어졌다. 정확한 영어는 쓰지 못했지만, 원하는 말은 무엇이든 할 수 있게 됐다.

영어로 대화하고 싶었다. 길에서 우연히 원어민을 마주칠 때면 부끄러움을 무릅쓰고 일단 말을 걸었다. 국제 캠프에도 여러 번 참여했다. 꿈속에서 영어로 대화하는 일도 많았다.

이후에 교양 점수를 채우려고 영어 전공 수업을 들

었다. 졸업할 즈음에 1~2년을 더 다니면 영어 학위도 나와서 부모님께 더 다니겠다고 하였다. 부모님께서는 내가 벌어서 다니라고 하셨다.

영어는 자신이 있어서 근처 학원에 이력서를 넣었고, 시강을 했다. 하지만 영어를 잘 하는 것과 영어를 잘 가르치는 것은 완전히 달랐다. 보통 영어를 쉽게 배운 사람일 수록 영어를 가르칠 때는 더 어렵다. 왜냐하면 영어를 못하는 사람 입장에서 생각하기 어렵기 때문이다.

첫 책을 쓰게 된 계기

부원장님께서 한 달간 교육을 받은 이후에 강사로 써 주겠다고 하셔서, 한 달간 교육을 받았다. 매일 다른 주제로 강의를 하면 부원장님께서 조언을 해주시고 본인의 강의를 보여주셨다.

교육이 끝날무렵 부원장님께 '어떻게 해야 영어를 잘 가르칠 수 있는지?'에 대해 여쭤봤다. 학원에서 수업을 준비하는 시간이 아닌 평상시에도, 항상 영어 가르치는 방법에 대해 고민을 해보라고 하셨다. 그때가 2006년이었다.

이후 하루종일 '영어 가르치는 법'에 대해 고민했고, 2-3년이 흐르자 나만의 강의가 생겼다. 그 강의를 책으로 집필했고, 그 책을 학생들이 얼마나 이해할 수 있는지 궁금했다.

아파트에 전단지를 붙이고 한 달간 10명을 가르쳤다. 내가 영어를 못했던 시간이 길었기에, 영어를 못하는 학생 입장에서 설명할 수 있었다. 모든 학생들의 반응이 뜨거웠다. 그 책을 출간하려고 약 30곳의 출판사에 연락을 했다.

출판사에서는 연락이 없거나 거절했다. 여기까지 하기도 쉽지 않았지만, 만약 나만 오랫동안 영어를 못했던 오랜 기간이 없었다면 분명히 포기했을 것이다. 하지만 영어 때문에 고생하고, 배우고, 가르치면서 사명감이 생겼다. 잘못된 영어 교육을 바꾸고 싶었다.

운좋게 정부에서 지원하는 '북디자인' 수업을 6개월 간 들을 수 있었고, 그 수업에서 내가 집필한 책을 '컨셉' 을 잡아 2권을 만들었다.

한 권은 영어 발음의 핵심 부분만 빠르게 익히는 '1시간에 끝내는 영어발음'인데 2010년에 출간됐고, 다른 한 권은 영어 문법을 두가지로 나눠서 설명하는 '두가지 영어'로 2011년에 출간됐다. 각각의 책은 내 인생의 마지막책이 될지도 모른다고 생각하고 최선을 다해 만들었다. 하지만 두 권 모두 잘 팔리지는 않았다.

이후에 노량진에서 경찰공무원이 되고 싶은 학생들에게 영어를 가르쳤다. 그중 한 명이 '영어 독해책'을 추천해달라고 하여 서점에서 찾아봤다.

하지만 마음에 드는 독해책이 없어서 1년간 집필했다. 이 책 역시 제가 알고 있는 가장 쉽고 빠르게 영어를 익힐 수 있는 방법을 담았다. 영어 구문독해를 수능 지문에 적용하는 방법을 알려주는 책이다. 제목은 <나쁜 수능영어>인데, 운 좋게 출간은 됐지만, 이 책도 잘 팔리지는 않았다.

**저자가
받는 돈**

책이 만 원이면 보통 저자 인세는 정가의 10%, 즉 천 원가량이다. 책을 한 번 인쇄할 때 1~3천부를 인쇄하는데, 천 부면 100만원, 3천 부면 300만원이다. 한 권을 만들기 위해 당시에 최소 6개월 이상 걸렸는데, 6개월에 100만 원이면 최저시급의 1/10에도 못 미친다.

주변에서는 앞으로 책 집필은 절대 하지 말라고 하였다. 하지만 나는 딱 한 번만 더 하겠다고 했다. 만약에 이 책으로 한 달에 150만원 이상 벌지 못한다면, 평생 집필을 하지 않겠다고 했다. 가정이 있기에, 월수금은 학원에서 영어를 가르쳤고, 다른 요일에는 나쁜짓만 아니면 무슨 일을 해서라도 생활비를 벌려고 했다. 그리고 시간이 나면 책을 집필했다.

**영어책을
끝까지
읽지 못하는
이유**

보통 연말쯤 영어를 공부하려고 책을 산다. 그러고는 앞 10장 정도를 읽고 더 이상 읽지 않는다.

시간이 흐른 뒤에 다른 책을 사서, 또 10장 정도를 읽고 또 포기하는 것을 반복한다. 이처럼 책의 내용이 아무리 좋아도 독자 스스로 끝까지 읽을 수 없다면 쓸모 없는 책이다.

내 책 역시 그랬을 것이다. 그래서 이후에는 '어떻게 하면 독자 스스로 끝까지 읽을 수 있을까?'에 대해 고민했다. 책을 끝까지 읽지 못하는 이유는 설명이 어렵고 '재미가 없기 때문'이다. 그래서 그 고민은 '한국 사람들은 무엇을 재미있어할까?'로 바뀌었다.

**끝까지
읽을 수 있는
책을 위하여**

한국 사람들은 영화를 좋아한다. 한국은 세계에서 5번째로 큰 영화 시장이다. 그래서 평점 9.0이 넘는 영화 240개를 보고, 그중에서 뽑은 명대사 2400개를 분석해서, 내 방식의 문법 패턴으로 분류한 뒤에, 240문장을 뽑았다.

한 문장을 영작하는데 1분이면 4시간에 영작할 수 있기에 <4시간에 끝내는 영화영작>이라 지었다.

**출판사를
시작한 이유**

앞서 3권은 다른 출판사 통해서 책을 냈는데, 출판사와 의견을 조율해야 해서 책이 나오기까지 시간이 오래 걸렸다. 그런데 내가 디자인을 모두하기에, 직접하는 게 더 빨리 만들 수 있다. 그래서 직접 출판사를 차려서 영화영작을 출간했다.

다행히도 첫 달부터 150만원 이상의 수입이 나왔고, 이후에는 계속 집필에만 집중해서 13년간 50권 가량 냈다.

**나만
영어를 못한
축복**

만약 내가 공교육을 통해 어느 정도라도 영어를 할 수 있었다면, 절대 영어를 가르치거나 영어 책을 집필하지 않았을 것이다.

영어를 못해서 놀림거리가 되고, 좌절했던 시간이 길었기에 사명감이 생겼고, 지금 영어 책을 쓰고 영어로 먹고 살 수 있게 됐다. 어려서 영어를 못했던 것은 내게 있어 가장 큰 축복이다.

나만 영어를 못했던 축복 1쪽

영어가 세상에서 가장 싫었던 이유 ㅣ 학비를 벌기 위해 ㅣ 첫 책을 쓰게 된 계기 ㅣ
두 권이 망하고 ㅣ 세번째 책 ㅣ 저자가 받는 돈 ㅣ 영어책을 끝까지 읽지 못하는 이유 ㅣ
끝까지 읽을 수 있는 책을 위하여 ㅣ 출판사를 시작한 이유 ㅣ 나만 영어를 못한 축복

다른 사람의 영어 공부법이
나에게는 안 맞는 이유 7쪽

300명에게 물어 본 영어공부 비법 ㅣ 영화 한 편으로 공부했다가 실패하는 이유 ㅣ
영어가 안 들리는 이유? ㅣ 상황별 영어는 무용지물 ㅣ 프리토킹의 함정 ㅣ
영어를 잘하게 되는 유일한 방법 ㅣ 문법에서 가장 중요한 것 ㅣ
문법 패턴과 문장 패턴의 차이 ㅣ 영어를 자유롭게 말하려면 걸리는 시간 ㅣ
좋은 책 고르는 법 ㅣ 꾸준히 공부할 수 있는 비결

집에서 영어 가르치는 법 15쪽

말하기/듣기를 먼저 하는 이유 ㅣ 쓰기가 필요한 이유 ㅣ 읽기가 필요한 이유 ㅣ
루나를 직접 가르친 계기 ㅣ 루나가 해온 것들, 하는 것들 ㅣ 이후에 루나가 할 것들

영어 MBTI 21쪽

1~29 질문 ㅣ MBTI 약어 해설

MBTI 수준별 영어 책 추천 33쪽

영어 책 (입문 ▶초급 ▶초중급 ▶중급 ▶상급) ㅣ 배송비 절약문고 ㅣ 한글 책

도서관 저자 초대 강의 제안 57쪽

강사 약력 ㅣ 자기주도 영어 독서노트 ㅣ 하루 15분 엄마표 영어

마이클리시 도서 목록 (가나다 순서) 61쪽

**300명에게
물어 본
영어공부
비법**

나는 아무리 열심히 해도 영어를 잘할 수 없었기에, 영어 잘하는 사람을 만나면 항상 '영어를 어떻게 배웠는지'를 물어봤다.

국제캠프에서 만난 친구들, 영어를 전공하는 친구들, 영어 학원에서 만난 선생님들, 그리고 가르치는 학생들에게도 물어봤다. 최소 300명 이상에게 물어봤다. 그리고 그들의 공부법을 직접 해봤다.

**영화
한 편으로
공부했다가
실패하는
이유**

어떤 공부법은 효과적이었지만, 전혀 효과가 없는 방법도 많았다. 나중에 알게 된 가장 큰 이유는 당시의 내 실력이 낮아 방법이 맞지 않았던 것이다.

크게 초급, 중급, 고급 단계로 나눌 수 있는데, 중급 단계를 '정확하지는 않아도 원하는 말을 모두 할 수 있는' 단계, 고급 단계를 '유창하고 정확하게 영어를 쓰는 단계'라고 정할 수 있다.

예를 들어, 영화 한 편을 반복해서 익히는 것은 중급 단계가 '고급 단계'가 되기 위한 방법이다. 초급 단계는 그렇게 해봤자 시간만 낭비하고 좌절할 따름이다. 그 공부 방법으로 성공한 사람들은 이미 영어 의사소통에 어려움이 없는 사람들이다.

**영어가
안 들리는
이유?**

내가 미드로 영어를 공부할 때 절반 이상이 안 들렸다. 하지만 '영어자막'을 키고 보면 대부분 아는 단어였다. 1000단어면 일상회화의 89%가 해결된다. 3000단어면 94%가 해결된다. 1000단어는 초등 영어 수준(700단어)

보다 약간 높은 정도이고. 3천단어면 중학교 수준(2천단어)보다 약간 높은 정도이다.

영어가 들리지 않는 이유는, 본인이 알고 있는 발음이 실제로는 다르기 때문이다. 표준 미국인 발음 조차도 절반 이상은 다르게 발음된다.

예를 들어, robot은 로봇이 아니고 '로우밭'이고, exactly는 이그잭'틀'리가 아니라 이그잭'클'리이다. I'm도 '아임'이 아니라 '암'으로 발음한다. 그리고 기능어라 불리는 '대명사, 한정사(관사 등), 전치사, 조동사' 등은 대충 발음하거나 생략하고 말하는 경우가 많다. 또한 단어의 앞뒤에 어떤 단어들이 오느냐에 따라 연음이 일어나서, If I'm은 '이팜'이 된다. 이러한 모든 경우를 직접 경험해보지 않으면 들을 수 없다.

그 데이터를 쌓아야 하는데, 그렇게 해줄 수 있는 책이 이번에 출간된 <유레카 팝송 영어회화 200>이다. 팝송 200곡을 통해 영어발음을 익히고 어휘를 확장시켜준다.

상황별 영어는 무용지물

영어로 어느 정도 자유롭게 쓸 수 있을 때까지는 '상황별 영어회화 책'은 보지 말아야 한다. 상황별 영어회화가 쓸모 없는 이유는, 현실은 대부분 그 상황대로 흘러가지 않기 때문이다.

예를 들어, 'How are you?'의 대답이 'I'm fine, thank you'가 아닌 경우가 아주 많다. 본인이 다쳤을 때도 'I'm fine'을 쓸 수는 없다. 상황별 영어회화는 특정한 상황을 1~5가지로 분류해놨지만, 실제 상황은 수천~수만

가지이기에 그 표현이 무용지물인 경우가 많다. 이런 책을 보면 배울 때는 영어가 되는 것 같다고 느껴지지만, 실제 상황에서는 별 도움이 안된다.

여행영어 책이야, '정해진 상황'에서 '정해진 말'을 주로 하기 때문에 상황별 여행영어 책을 봐도 괜찮지만, 여행영어 표현조차 어려운 초보 수준에서 그러한 책은 익히는 것은 시간도 오래 걸리고 활용도도 낮다. 그래서 나는 상황별 여행영어 책을 내지 않고, '문장 패턴'으로 그러한 상황을 해결할 수 있는 책을 냈다. <8문장으로 끝내는 유럽여행 영어회화>이다. 그리고 상황별 영어 문장들을 '패턴화'해서 만든 책이 <6시간에 끝내는 생활영어 회화천사>이다.

프리토킹의 함정

프리토킹은 '자극(영어를 공부하고 싶게 하는 욕구)'을 받기 위해 하는 것은 좋지만, 그것으로 실력이 늘지는 않는다. 특히 실력이 낮을 수록 프리토킹(주로 전화영어 등)은 큰 도움이 안 된다. 실력이 낮으면 '질문'은 못 하고 '단답형'으로 말하게 된다. 이야기를 잘 이끌어내도, 결국 학습자는 본인의 수준에서 말하는데, 그 수준의 문장은 뻔하다. 간단한 2형식/3형식 구조의 문장은 잘 말하지만, 부정사나 분사구문, 관계대명사를 써서 말하기는 어렵다.

실력이 늘려면 '한국어와 영어의 차이점'인 '구조를 통한 의미 전달 훈련'을 해야 하는데, 이것은 특정한 문법 구조 안에서 단어를 바꿔 가며 반복 훈련(드릴 연습)을 해야 한다. 예를 들면, I'm ~패턴을 배웠으면 이후에는 You're~ 패턴을 배우는 식으로 해야 한다. 보통은 프리토킹에서 자유로운 대화를 하지, 이러한 반복 훈련을 하는 것을 원하지는 않는다.

프리토킹은 자신이 하고 싶은 말을 다 말할 수 있게 됐을 때, 즉, 중급 이상의 수준에서 좀 더 유창하게 말하고 싶을 때 하는 게 좋다.

영어를 잘하게 되는 유일한 방법

초급 수준에서는 공부할 재료의 양은 줄이고 반복해야 한다. 영어 문장을 외우면 영어를 잘하게 된다는 말은, 외운 문장은 듣거나 말할 수 있기 때문이다. 해석만 되던 문장을 반복해서 익히면 들을 수 있는 문장, 말할 수 있는 문장으로 바뀐다.

영어를 잘하는 사람들의 공통점은 '반복한 것'이다. 영어회화는 악기, 운동과 비슷해서 반복해야 한다. 반복하는 동안은 실력이 느는지 잘 모르지만, 돌아보면 어느새 늘어 있다. 특히 초/중급 단계에서는 반복해야만 한다.

반복하는 데에는 '기술'이 필요하다. 먼저 한국어와 영어의 차이(강의: rb.gy/9sv1o)을 알고, 그 차이점을 위주로 훈련해야 한다. 한국어는 구조가 중요하지 않지만, 영어는 구조로 의미를 전달하기 때문에 구조를 통해 말하는 방법을 훈련해야 한다. 내 책 역시 그 구조를 영작이나 말하기로 익히는 책들이 많다. 그 부분이 한국인에게 가장 부족한 부분이기 때문이다.

문법에서 가장 중요한 것

언어는 '문법'과 '어휘'만 익히면 끝난다. 문법은 말하는 방식이고, 어휘는 말에 담긴 내용이다. 어휘를 문법에 맞게 늘어놓을 수 있으면 '언어'는 끝난다.

　시중의 대부분의 문법 책은 문장을 놓고 분석하는 방식의 문법 책이다. 그런데 분석하는 문법은 시험 문제를 풀 때는 도움이 되는데, 영작이나 영어회화에는 전혀 도움이 안 된다. 영어로 말할 때는 전혀 다른 뇌와 근육을 쓰기 때문이다. 말하자면 만들어진 된장찌개를 맛 보면서 맛을 평가하는 것과 된장찌개를 만드는 것은 아예 다른 것과 마찬가지이다.

　그러므로 '영작'을 할 수 있게 해주는 책을 골라야 하는데, 막상 스스로 그런 책을 공부하기는 불가능한 경우가 많다. 대부분의 영작 책은 '학원용 책'이다. 그나마 내 책들은 영작을 할 수 있도록 단원마다 한국어와 비교해서 말하면서 '포인트'를 잡아놨다. 그리고 책만으로 어려운 분들을 위해 '무료강의' 원어민MP3를 제공한다. 그래서 스스로 끝까지 볼 수 있다.

문법 패턴과 문장 패턴의 차이

내가 영어를 자유롭게 쓸 수 있게 된 것은 '문법 패턴'을 익힌 이후부터이다. 내 책도 다양한 소재로 '문법 패턴'을 익히는 책이 많다. 문법을 기준으로 영작을 익히면 약 50개 가량이면 모든 문장을 영작할 수 있게 된다. 하지만 머리를 더 써야 해서 처음에는 조금 어렵게 느껴진다.

　그런데 시중의 패턴책은 대부분 '문장 패턴' 책이라, 패턴의 종류가 100개가 넘는다. 이런 방식은 익히기가 쉬운 반면, 오래 걸리고 응용하기는 더 어렵다. 예를 들면, 'I like ~패턴'을 익히고, 'I have ~ 패턴'을 익히는 식이다. 목

적어만 바꾸면 돼서 쉽지만, 그 문장을 응용해서 다른 문장을 만들기는 어렵다. 문장 패턴은 이렇게 특정 단어를 중심으로 구성됐고, 특정 단어만 바꾸기에 자유롭게 영어를 구사하기는 어렵다.

내 책 중에 <8문장으로 끝내는 유럽여행 영어회화>가 문장 패턴이다. 다른 패턴 책은 모두 '문법패턴'을 활용해서 만들었다.

영어를 자유롭게 말하려면 걸리는 시간

원하는 말을 자유롭게 하기까지, '옳은 방법으로 했을 때' 짧게는 3개월이지만(이미 어느정도 공부했거나, 언어 감각이 좋은 경우), 보통 6개월~1년이 걸린다.

이 기간 동안 하루 1-2시간 이상 꾸준히 공부하려면, '계기나 목적'이 있어야 한다. 내게는 영어 때문에 놀림 받았던 것과 영어로 자유롭게 말하고 싶은 욕망이 계기였다. 그리고 졸업과 취업을 위한 목적도 있었다.

계기가 없다면 꾸준히 자극을 받아야 한다. 학원도 좋고 유튜브 영상도 좋다. 전화영어나 영어 스터디도 좋다.

좋은 책 고르는 법

시중의 영어 책들을 보면 대부분은 '학원용 책'이다. '문법 용어'를 많이 써서 영어를 모르는 사람은 이해하기 어렵게 설명 되어 있다. 그래서 학원에서 선생님이 가르칠 수는 있지만, 독학은 불가능하다. 집에서 부모님이 가르칠 수도 있지만, 영어를 아는 것과 가르치는 것은 아예 다른 것이기에 어렵다. 가르치는 것은 상대방의 입장에서 설명할 수 있어야 하는데, 많이 가르쳐 보거나 훈련하지 않았다면 어렵다.

가능한 학습자 수준보다는 쉬운 책으로 고르고, 직접 익혀보거나 가르쳐 본다. 어떤 영어책이든 끝까지 볼 수만 있다면 책 값의 10배 이상은 번 것이다. 단번에 그런 책을 고르기는 어려울 것이다. 잘 안되면 빨리 다른 책으로 시도를 하며 자신에게 맞는 책을 찾아야 한다.

꾸준히 공부할 수 있는 비결

책이 아니더라도 가능한 꾸준히 할 수 있는 소재를 찾아야 한다. 본인이 흥미있는 것과 관련된 것으로 공부해야 한다. 그래야 더 알고 싶어서 꾸준히 공부하게 된다.

그래서 나도 다양한 소재로 책을 냈다. 영화 명대사로 익히는 <4시간에 끝내는 영화영작> 외에도, 미드 명대사, 단편소설, 연설문, 명언, 여행 에세이, 팝송, 생활 영어 등 다양한 소재로 익히실 수 있도록 집필했다.

본질은 영어 공부를 더 쉽게 할 수 있도록 해주는 것이라 생각하기에, 책 외에도 영어 공부할 때 힘든 점들을 해결하려고 최선을 다한다. 더 쉽게 익힐 수 있도록 대부분의 책에 무료 강의(rb.gy/x1ymb)도 있다.

쉬운 단어도 안 들리는 이유 대부분은, 발음을 잘못 알고 있기 때문이다. 내 모든 책은 원어민이 책 전체를 읽은 MP3 파일도 무료로 제공하고 있다.

궁금한 점은 카톡(rb.gy/2ettr)이나 카페(miklish.com)에 질문하면 된다. 연락처는 010-4718-1329(가능한 문자로), iminia@naver.com이다. 최선을 다해 도울 것이다.

나만 영어를 못했던 축복 1쪽

영어가 세상에서 가장 싫었던 이유 | 학비를 벌기 위해 | 첫 책을 쓰게 된 계기 |
두 권이 망하고 | 세번째 책 | 저자가 받는 돈 | 영어책을 끝까지 읽지 못하는 이유 |
끝까지 읽을 수 있는 책을 위하여 | 출판사를 시작한 이유 | 나만 영어를 못한 축복

다른 사람의 영어 공부법이
나에게는 안 맞는 이유 7쪽

300명에게 물어 본 영어공부 비법 | 영화 한 편으로 공부했다가 실패하는 이유 |
영어가 안 들리는 이유? | 상황별 영어는 무용지물 | 프리토킹의 함정 |
영어를 잘하게 되는 유일한 방법 | 문법에서 가장 중요한 것 |
문법 패턴과 문장 패턴의 차이 | 영어를 자유롭게 말하려면 걸리는 시간 |
좋은 책 고르는 법 | 꾸준히 공부할 수 있는 비결

집에서 영어 가르치는 법 15쪽

말하기/듣기를 먼저 하는 이유 | 쓰기가 필요한 이유 | 읽기가 필요한 이유 |
루나를 직접 가르친 계기 | 루나가 해온 것들, 하는 것들 | 이후에 루나가 할 것들

영어 MBTI 21쪽

1~29 질문 | MBTI 약어 해설

MBTI 수준별 영어 책 추천 33쪽

영어 책 (입문 ▶초급 ▶초중급 ▶중급 ▶상급) | 배송비 절약꿀팁 | 한글 책

도서관 저자 초대 강의 제안 57쪽

강사 약력 | 자기주도 영어 독서노트 | 하루 15분 엄마표 영어

마이클리시 도서 목록 (가나다 순서) 61쪽

외교통상부에서 주최하는 '방일대학생' 프로그램이 있다. 한국과 일본에서 매년 서로 30명씩 대학생들을 서로 초대하는 프로그램이다. 그곳에 같이 참여한 친구 중 한 명은 토익 점수가 900점이 넘는데, 영어회화는 전혀 못해서 내가 대신 통역해줬다.

나 역시 수능을 위한 '독해'공부를 할 때는 영어가 재미없었다. 하지만 다시 기초부터 영어회화를 배울 때는 영어가 '언어'로 느껴지면서 재미있어졌다. 이후에 공부한 토익도, 영어 전공 수업도 재미있게 들을 수 있었다.

영어의 기본적인 개념도 모른 상태로 '읽기/듣기'를 하며 꾸역꾸역 점수를 따기 위한 공부를 하는 것보다, 먼저 '말하기/듣기'를 하면서 영어를 언어로 먼저 배우고, 이후에 '읽기'로 넘어가면 훨씬 재미있게 영어를 익힐 수 있다. 한국어에서도 '말하기/듣기'를 먼저 배우듯, 시간이 있다면 영어도 할 수 있다면 '말하기'부터 배우는 게 좋다.

사람들은 보통 '수다 떨기'를 좋아한다. 하지만 '영어 말하기'를 좋아하지 않는 이유는 영어로 말하는 법을 배우지도 않았고, 해본 적도 없기 때문이다. 그래서 영어 말하기가 익숙하지 않을 때는 머릿속에서 문장을 다 완성시킨 후에 말한다. 그런데 그렇게 하면 말로 나오기까지 시간이 오래 걸리므로 자연스럽게 대화할 수 없다.

이때 필요한 게 '쓰기'이다. 한국인은 '쓰기'로 먼저 연습한 이후에, '말하기'로 넘어가는 것이 좋다. 천천히라도 영작을 하는 두려움이 없어지면, 자꾸 말하고 싶어진다. 내 저서 중에서 상당수(단단 기초영어, 미드천사, 생활영어 회화천사, 영화영작)도 '쓰기'로 먼저 문법 패턴을 연습한 이후에 '말하기'로 넘어가는 방식으로 되어 있다.

또한 말에 쓰이는 어휘는 한정되어 있고, 문법도 정형화된 단순한 문법을 주로 쓴다. 더 복잡한 문법과 어휘를 쓰려면 쓰기를 통해 실력을 키워야 한다.

읽기가 필요한 이유

말하기/쓰기로는 본인이 평소 쓰는 어휘나 문법만 쓰게 된다. '듣기'는 좀 낫지만, 한국인이 대화에서 쓰는 문법이 뻔하듯, 원어민도 일상에서 쓰는 문법이 뻔하다. 본인이 모르는 단어는 어차피 들리지 않는다. 더 어려운 어휘나 문법을 익히는 방법은 결국 '읽기'밖에 없다. 또한 책에 쓰여진 문장은 대부분 맞춤법이 정확하기에, 읽기를 많이 하면 더 정확한 영어를 구사하는 데에 큰 도움이 된다. (<크라센의 읽기 혁명> 참고)

루나를 직접 가르친 계기

나는 주로 '성인'을 위한 영어 책을 출간했다. 직접 집필하고, 디자인하고, 제작, 마케팅까지 모두 한다. 그러다 보니 일 외에 다른 것을 할 시간이 없었다. 내 딸(루나)의 영어를 위해서도 아내에게 알아서 가르치라고 돈을 줬지, 직접 가르치지는 않았다. 아내는 전집을 몇 개 샀고, 일주일에 2번 가량 방문 선생님이 오셨다.

1~2년쯤 지났을 때, 5살 딸의 영어 실력이 궁금했다. 그래서 '나'가 영어로 무엇인지 딸에게 물어 봤는데, 딸은 'me(미)'라고 대답했다. 물론 틀린 대답은 아니지만, 당연

히 'I(아이)'라고 대답할 줄 알았다. 왜냐하면 영어에서 두 번째로 많이 쓰이는 단어가 I이고, I가 me보다 훨씬 많이 쓰이기 때문이다.

만약 내가 직접 가르치지 않고 외부에 맡긴다면, 대학교 입학까지 최소 3천만 원 이상 들 것이다. 이후에 어학 연수라도 간다면 억 단위로 깨질 것이 분명하다. 그래서 그 돈이라도 아껴 보려고 직접 가르치면서 집필했다.

집필할 때 중요하게 여긴 것은, 학습자가 원어민의 관점에서 생각할 수 있게 되는 것이었다. 그래서 영어에서 더 중요하고, 더 많이 쓰이는 것부터 익히도록 배열했다. 한국어와 영어 차이, 문법, 어휘, 파닉스를 문장 안에서 한 번에 익힐 수 있도록 구성했다.

중학교 이상 나온 부모님이라면 누구나 가르칠 수 있도록, 책마다 어떻게 가르쳐야 하는지 영상이 있고, 한글 발음도 수록했다. 정확하게 읽고 싶다면 휴대폰이나 세이펜으로 원어민 음성을 바로 확인할 수 있다. 대상은 5살 ~11살이다.

제목은 <아빠표 영어 구구단>이고, 총 12권+파닉스 카드 100장으로 구성했다. 이 책(영어 MBTI)의 34쪽에 자세한 소개를 볼 수 있다.

이후에 루나는 내 다른 저서들을 익혀오고 있다. 책들 대부분이 '음성 무료 강의'나 '영상 무료 강의'가 있어서 혼자 스스로 공부할 수 있다. 루나가 강의를 듣고 책에 영작하면, 나는 책의 정답을 보고 고쳐준다.

처음에는 <8문장으로 끝내는 유럽여행 영어회화> 강의를 듣고 2-3회 공부했고, 이후에는 <8시간에 끝내는 기초영어 미드천사> 강의를 들으며 2회 공부했다. 다음으로 <단단 기초 영어공부 혼자하기> 강의를 들으며 2회 했고, 이후에 <중학영어 독해비급>을 2회째 공부하고 있다.

그리고 루나가 3학년이 시작하기 전에, 학교에서 쓰는 영어 참고서를 2권씩 샀다. 그리고 초등학교 영어 교과서를 같이 읽고 단어 뜻을 알려주며 예습했다(예습 방법 rb.gy/lrv4h). 사실 루나는 안 해도 되지만, 수업에서 모르는 부분이 조금만 나와도 위축될 수 있어서 하는 게 좋을 것 같았다.

현재 <중학영어 독해비급> 외에는 영어로 일기를 매일 2~3문장씩 쓰고 있다. 이후에 내가 틀린 부분을 교정해주고, 어휘를 정리해준다. 루나는 고쳐진 문장을 다시한 번 쓰고, 정리해 준 어휘는 5회~10회 반복해서 쓴다. 그런데 영어를 잘 모르는 부모님도 나처럼 할 수 있다. 챗GPT(무료)를 활용하면 알아서 교정해주고 영작도 해준다. 챗GPT의 영어 능력은 웬만한 영어 강사, 원어민보다 낫다. 챗GPT 사이트: chat.openai.com

내게 '감사' 연락이 오는 경우도 많다. 한 번은 어떤 독자분의 자녀가 중학생인데, 학원을 안 다니고 집에서 <TOP10 연설문> 학습만으로 전교에서 1-2등을 한다고 했다. 이처럼 내 책만 공부해도 대학생 때까지 일부 영어 인증 시험을 제외하면 다른 영어 공부는 필요가 없다.

  루나는 남은 저서를 공부할 예정이다. 쉬운 것부터 <유레카 팝송 영어회화 200>, <6시간에 끝내는 생활영어 회화천사>, <챗GPT 영어명언 필사>, <영어명언 만년 다이어리>, <이상한 나라의 앨리스 영화영어 공부>, <4시간에 끝내는 영화영작>, <잠언 영어성경>, <TOP10연설문>, <TOP10 영한대역 단편소설>이 있다. 이 중 적어도 <이상한 나라의 앨리스 영화영어 공부>까지는 초등학생 때 끝낼 예정이다.

<엄마표 영어: 흘려듣기 절대로 하지 마라(2000원)>에서 발췌한 내용입니다. 그 책에는 **더 많은 내용**이 있습니다.

더 많은 내용

영어 공부를 위한 쉬운 영화 추천, 흘려듣기가 영어를 망친다, 영어 학원을 다닐 수 밖에 없는 이유, 영어 잘하는 아이들의 공통점, 나쁜 학원에 계속 다니는 이유, 고등학생을 위한 어학원이 드문 이유, 좋은 학원/좋은 선생님 고르는 법, 파닉스부터 가르치지 않은 이유, 한글로 익히는 발음은 나쁠까? 영어 원서 읽기를 시키지 않은 이유, 유학 가는 최적기, 영영사전을 아직 쓰면 안 되는 이유, 처음 보는 단어와 문장 읽는 법은? 단어장을 쓰지 말아야 할 이유, 단어장 없이 단어를 익히는 법

나만 영어를 못했던 축복 1쪽

영어가 세상에서 가장 싫었던 이유 | 학비를 벌기 위해 | 첫 책을 쓰게 된 계기 |
두 권만 망하고 | 세 번째 책 | 저자가 받는 돈 | 영어 공부 끝까지 믿지 못하는 이유 |
끝까지 읽을 수 있는 책을 위하게 | 출판사를 시작한 이유 | 나만 영어를 못한 축복

다른 사람의 영어 공부법이
나에게는 안 맞는 이유 7쪽

300명에게 물어 본 영어공부 비법 | 영화 한 편으로 공부했다가 실패하는 이유 |
영어가 안 들리는 이유 | 상황별 영어는 무용지물 | 프리토킹의 함정 |
영어를 잘하게 되는 유일한 방법 | 문법에서 가장 중요한 것 |
문법 패턴과 표현 패턴의 차이 | 영어를 자유롭게 말하려면 걸리는 시간 |
좋은 책 고르는 법 | 꾸준히 공부할 수 있는 비결

집에서 영어 가르치는 법 15쪽

말하기/듣기를 먼저 하는 이유 | 쓰기가 필요한 이유 | 읽기가 필요한 이유 |
루나를 직접 가르친 계기 | 루나가 해온 것들, 하는 것들 | 이후에 루나가 할 것들

영어 MBTI 21쪽

1~29 질문 | MBTI 약어 해설

MBTI 수준별 영어 책 추천 33쪽

영어 책 (입문 ▶ 초급 ▶ 초중급 ▶ 중급 ▶ 상급) | 배송비 절약문고 | 한글 책

도서관 저자 초대 강의 제안 57쪽

강사 약력 | 자기주도 영어 독서노트 | 하루 15분 엄마표 영어

마이클리시 도서 목록 (가나다 순서) 61쪽

본인의 나이는?

9살 이하
⇒ **2**

10살 이상
⇒ **6**

영어 유치원에 다녔는가?

다닌 적이 없거나,
1년 이하로 다녔다.
⇒ **3**

2년 이상 다녔다.
⇒ **4**

스스로 강의를 듣고
공부할 수 있는가?

스스로 할 수 있다.
⇒ **4**

누군가 가르쳐야 한다.
⇒ **34쪽** Type BDSH

처음 본 단어 10개 중에
몇 개나 정확하게 읽을 수 있는가?

6개 이하
⇒ **5**

7개 이상
⇒ **6**

본인의 나이는?

5~7살
⇒ **36쪽** Type BTSH

8~9살
⇒ **39쪽** Type BTRH

영어를 왜 배우는가?

해외 자유여행을 위해서
⇒ **38쪽** Type BDSH

그 외의 목적
⇒ **7**

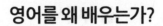

7

영어를 왜 배우는가?

영어 실력 향상
⇒ **8**

시험 대비
⇒ **14**

8

공부하고 싶은 분야는?

말하기/듣기/쓰기
⇒ **9**

읽기
⇒ **15**

9

꿈속에서
영어로 대화 해본 횟수는?

0번~2번
⇒ **10**

3번 이상
⇒ **11**

10

더 선호하는 방식은?

혼자 공부
⇒ **16**

여럿이 공부
⇒ **40쪽** Type BDSH

11

하고 싶은 말 대부분을
영어로 할 수 있는가?

그렇다
⇒ **12**

그렇지 않다
⇒ **17**

12

실력을 키우고 싶은 부분은?

더 정확한 영어
⇒ **48쪽** Type ATSH

더 유창한 영어
⇒ **13**

13

더 선호하는 방식은?

영화 한 편을 반복
⇒ **46쪽** Type ADSH

다양한 연설문 반복
⇒ **50쪽** Type ADSH

14

시험을 보기까지
남아있는 시간은?

3개월 미만
⇒ 마이클리시 책을
보지 마시고,
시험만 준비 하세요.

4개월 이상
⇒ **8**

15

자신의 독해 실력은?

초등학교~중학교 수준
⇒ **42쪽** Type BTRH

고등학교 수준 이상
⇒ **18**

16

자신의 영어 회화 실력은?

초등학교~중학교 수준
⇒ **41쪽** Type BTSH

중학교 수준
⇒ **44쪽** Type ATSH

더 선호하는 방식은?

혼자 공부
⇒ **47쪽** Type ATSH

여럿이 공부
⇒ **45쪽** Type ADSH

영어 원서를
끝까지 읽은 적이 있는가?

있다
⇒ **51쪽** Type ATRH

없다
⇒ **19**

19

솔로몬 VS 챗GPT 승자는?

솔로몬	챗GPT
⇒ **49쪽** Type ATRH	⇒ **43쪽** Type ATRH

당신의 MBTI는?

MBTI 약어 해설

Miklish **B**ooks **T**ype **I**ndicator
마이클리시 책 유형 분류 지표

Beginner
초급자

Adavanced
중급자

Speaking·Writing
말하기·쓰기

Reading
읽기

Thinker
학습형

Doer
행동형

Hobby
취미

Goal
목표 (시험/유학)

나만 영어를 못했던 축복 1쪽

영어가 세상에서 가장 싫었던 이유 | 학비를 벌기 위해 | 첫 책을 쓰게 된 계기 |
두 권이 망하고 | 세번째 책 | 저자가 받는 돈 | 영어책을 끝까지 읽지 못하는 이유 |
끝까지 읽을 수 있는 책을 위하여 | 출판사를 시작한 이유 | 나만 영어를 못한 축복

다른 사람의 영어 공부법이
나에게는 안 맞는 이유 7쪽

300명에게 물어 본 영어공부 비법 | 영화 한 편으로 공부했다가 실패하는 이유 |
영어가 안 들리는 이유2 | 상황별 영어는 무용지물 | 프리토킹의 함정 |
영어를 잘하게 되는 유일한 방법 | 문법에서 가장 중요한 것 |
문법 패턴과 문장 패턴의 차이 | 영어를 자유롭게 말하려면 걸리는 시간 |
좋은 책 고르는 법 | 꾸준히 공부할 수 있는 비결

집에서 영어 가르치는 법 15쪽

말하기/듣기를 먼저 하는 이유 | 쓰기가 필요한 이유 | 읽기가 필요한 이유 |
루나를 직접 가르친 계기 | 루나가 해온 것들, 하는 것들 | 이후에 루나가 할 것들

영어 MBTI 21쪽

1~29 질문 | MBTI 악어 해설

MBTI 수준별 영어 책 추천 33쪽

영어 책 (입문 ▶초급 ▶초중급 ▶중급 ▶상급) | 배송비 절약문고 | 한글 책
★강력 추천　●추천　○보통　✕추천하지 않음

도서관 저자 초대 강의 제안 57쪽

강사 약력 | 자기주도 영어 독서노트 | 하루 15분 엄마표 영어

마이클리시 도서 목록 (가나다 순서) 61쪽

아빠표 영어 구구단 시리즈 (세트)

난이도 입문 | 말하기 ★ | 듣기 ○ | 읽기 ● | 쓰기 ● | 무료강의 ● | 원어민 MP3 ★

2년간 딸을 가르치며 집필한 홈스쿨링 영어!

부모님과 함께 하루 10분, 1년 완성!

중학교 졸업까지 영어 걱정 끝!

무료강의 제공, 세이펜 지원.

5~12세 대상. 특히 5~9세를 집에서 가르치려면 이 책 밖에 없습니다.

총 13종 (12권+파닉스 카드 100장)

저희 딸이 다음책 없냐고 내놓으라고 하더라구요~^^ 아이가 영어 거부감있던 아이였는데 좋아하는 모습보니, 제가 더 감사합니다~ sunjin07**

초등 2학년이 1년쯤 집에서 아빠표 영어를 익히고,

근처 어학원에서 테스트를 했어요. 어디서 배웠길래 레벨이 중학생 수준이냐고 하시더라고요. - 010 6636 ***

 소개 영상

 자료 받기

 미리 보기

 구매 하기

type
BDSH

영어를 처음 배우거나 기초가 부족한 분입니다.
이것 저것 많이 하기 보다는,
이해가 되는 한 권을 정해서 반복해서 보세요.

아빠표 영어 구구단 1~10단

난이도 **입문** | 말하기 ★ | 듣기 ○ | 읽기 ● | 쓰기 X | 무료강의 ● | 원어민 MP3 ★

1단 명사
왼쪽은 '한 개', 오른쪽은 '여러개', 왼쪽에는 a girl, 오른쪽은 girls. ㄱ부터 ㅎ까지 대응되는 파닉스.

6단 to부정사
to부정사의 70% 이상을 차지하는 '명사적 용법'을 익힌다.

2단 일반 동사
be동사보다 일반동사를 훨씬 많이 쓰기에 앞에 넣었다. I와 you로 시작하는 3형식 문장을 익힌다.

7단 전치사
가장 많이 쓰는 전치사(in, on, about, at, for)의 개념과 차이를 알고 문장에서 활용한다.

3단 인칭
왼쪽은 일반 문장, 오른쪽은 주어가 3인칭인 문장. 3인칭 단수 현재의 3형식 문장을 연습한다.

8단 조동사
will과 can을 3형식과 2형식 문장에서 활용한다.

4단 be동사
be동사를 쓰는 기본적인 문장 구조를 익힌다. good/bad 등 반대되는 형용사도 함께 익힌다.

9단 부정문
be동사, 일반동사, 조동사의 부정문을 만든다.

5단 분사
동사를 변형시켜 '현재진행' 문장을 익힌다. 뒷부분에 '수동태'도 조금 나온다.

10단 의문문
조동사와 be동사를 활용한 의문문을 익히고, 이후에 의문사를 활용한 의문문을 익힌다.

 1단 미리 보기

 1단 강의

 2단 미리 보기

 2단 강의

type
BDSH

아직 영어를 읽을 수 없다면 더 좋습니다.
하루에 5~15분, 한 쪽/한 문장만 배워도 좋으니,
'재미를 느끼도록' 알려주세요.

아빠표 초등영어 파닉스

난이도 입문 | 말하기 X | 듣기 ○ | 읽기 ★ | 쓰기 ★ | 무료강의 ★ | 원어민 MP3 ★

알파벳 쓰는 법부터 영어 읽는 법까지!

아빠표 영어 구구단에서
이미 익힌 60단어의 '읽는 법'을 배운다!

한글 기준으로 먼저 익히기에 4배 이상 빠르다!

따라 쓰며 말하다 보면 자연스럽게 익혀지는 파닉스!

무료강의, 알파벳 송, 필기체 쓰기 부록 제공.

초 4인 저희 딸은 1년 넘게 영어 학원을 다녔지만
뭐가 문제인지 아직도 파닉스를 어려워해요. ㅠㅠ
동생보다 영어를 잘 못해 주눅이 들어있는 상태이죠.
그랬던 아이가 '아빠표 초등영어 파닉스'를 보고는
수월하게 이해하고 있습니다. - jungan**

안녕하세요~ 아빠표 영어를 시작하면서 조금은 길이 보이는
듯하여 감사한 마음부터 전합니다. 저는 이번에 5학년이 되
는 딸이랑 시작을 했는데 (영어마을 3년다녀도 왓츠유어네
임만 하던 아이라 ㅠ)...

명사도 쉽게 하였고 파닉스에 나온 단어들을 접목하여 단수
복수까지 했습니다. - youbr**

 소개,
영상
강의

 심화
영상
강의

 자료
받기

 구매
하기

---

type
BTSH

영어를 학습 하려면 먼저 영어 읽는 법(파닉스)을 알아야 합니다.
한 번에 완벽하게 하려고 하지 말고,
대충 여러 번 반복해서 학습해 주세요.

아빠표 초등영어 교과서

난이도 입문/초급 | 말하기 ★ | 듣기 ○ | 읽기 ● | 쓰기 ● | 무료강의 ● | 원어민 MP3 ★

교육부 선정 800 단어와 문법을 분석하고,
3~6학년 초등영어 교과서 문장의 70%를 담았다.

문법별, 주제별로 모아진 문장에
단어만 바꿔서 초등영어 회화를 훈련할 수 있다.

무료 강의, 원어민 MP3, 세이펜 지원, 그림 사전, 527장의 사진 제공

단어+회화+문법을 한 권으로 끝내는
최고의 학원/방과 후/공부방 교재!

아빠표 영어구구단을 접한지 1년이 넘은 것 같아요
여러권의 영어책을 도전해보았지만 아이가 가장 좋아하는
영어도서는 단연 아빠표영어네요. - asdf94＊＊

이 책은 앞서 출간된 아빠표 영어 구구단 시리즈를
모두 익힌 후에 하면 더더욱 효과가 좋다고 하니,
찬찬히 1단부터 마스터하고 만나보면 좋을 듯~
하지만 뭐 초등 영어에 들어간 친구들,
어느 정도 알페벳과 파닉스를 익힌 친구들이라면
바로 들어가도 좋을 것 같다 ^^...
요기에 나온 표현만 완벽히 익혀도
초등 영어는 걱정 없을 것 같다~ - 이치＊

 소개,
영상
강의

 미리
보기

 자료
받기

 구매
하기

type
BTSH   혼자 익히기보다 '무료 영상 강의'를 보거나,
한 명은 문제를 내고, 한 명은 답변하면 더 좋습니다.
바로 말로 하기 어려우면, 노트에 영작부터 해보세요.

37

8문장으로 끝내는 유럽여행 영어회화

난이도 입문 | 말하기 ★ | 듣기 ○ | 읽기 ● | 쓰기 X | 무료강의 ● | 원어민 MP3 ★

유럽여행 에세이를 읽으면
자동으로 익혀지는 여행 영어!

한글 발음 표기, 20여 가지 부록으로,
영어를 읽지 못해도 배낭여행 가능!

무료강의 제공!

쉬운책, 아주 쉬운 영어회화책을 검색하다가 구입했습니다.
책 사서 운전하며 계속 반복해서 들었던 1인으로, 완전 강추
입니다.
이런 쉬운책이, 이렇게 편안하고 즐겁게 영어를 듣고 따라할
수 있다는게 신기할 정도였습니다. 내친김에 계속 더 공부하
고 싶은 욕구가 마구마구... - rdh★★

나도 모르는 사이 배워지는 책ㅋ
넌 에세이냐? 영어회화책이냐?ㅋ - jihyun07★★

이거 물건이네요. 이 책만 있으면 여행준비 끝.
해외여행에 대한 두려움을 없애주고,
영어에 자신감을 불어넣어 줍니다. - shake★★

 미리
보기

 강의,
자료

 구매
하기

type
BDSH

틀려도 좋으니, 자신있게 많이 말해보세요.
말해본 사람만 실제로도 말할 수 있습니다.

2시간에 끝내는 한글영어 발음천사

난이도 입문 | 말하기 ● | 듣기 ● | 읽기 ★ | 쓰기 ○ | 무료강의 ★ | 원어민 MP3 ★

알파벳 노래부터 발음기호 파닉스까지!

한글만 알면 영포자도 익히는
유일한 영어 발음기호 1004단어 파닉스!

4시간의 무료강의 제공! 원어민 음성 CD 제공!

한정특가 7500원!

중등에 와보니…내가 가르치는 학생들 15명 중에 반 이상이 영어를 못 읽는다…발음기호를 (내가) 가르칠 여유도, (학생들이) 배울 인내심도 없다… 고등학생이 되기 전에 이 애들에게 영어를 읽을 수 있게 해야겠다는 결심이 섰다.

내가 만들어볼려고 여기저기 자료 뒤지고 애들(중3)에게 배포해서 해봤는데 결과가 영 신통찮았다. 이책을 사서 풀게 해봤는데 혼자서도 잘하고 정말 리얼한 영어 발음은 아니더라도 그럭저럭 조금씩 읽게 되었다.

이 책은 나이드신 분들, 영어를 처음 배우는 사람들에게 유익할 것 같다. 한글을 통해 영어를 배우기 때문에 누구나 쉽게 접근할 수 있다. 액센트나 발음 부분은 책에 CD가 첨부되어 있기 때문에 도움을 받을 수 있을 것 같다. - icewit**

 소개
영상

 자료
받기

 영상
강의

 구매
하기

type
BTRH   원어민도 처음 본 단어를 100% 정확하게 읽을 수 없습니다.
대충 2~5회 보고, 대략 읽을 수 있다면 파닉스는 그만 익혀도 돼요.

39

8시간에 끝내는 기초영어 미드천사

왕초보 패턴 (초급) | 기초회화 패턴 (초중급)

난이도 **초급/초중급** | 말하기 ★ | 듣기 ○ | 읽기 X | 쓰기 ● | 무료강의 ★ | 원어민 MP3 ★

60대 할머니는 영어를 정복할 수 있을까?

60대 할머니와 함께하는
수십만 원 상당의 영어회화 무료강의: goo.gl/8id6df

원어민의 일상 회화 89% 해결하는
1004 어휘 중심의 미드 명대사!

팟캐스트를 통해 알게되어 왕초보패턴부터 오늘 기초회화패턴27강 까지 한달째 정주행중입니다. 뉴질랜드에 10년 넘게 살면서도, 읽고 듣는 영어와 말하는 영어 사이의 큰 간격 때문에 힘들었는데, 선생님의 강의를 통해서 정말 큰 도움을 받고 있습니다. 어머님과의 영어 공부 녹음하신거 제게 너무너무 재미있고 유익하며, 그래서 매일매일 즐겁게 같이 공부하는것처럼 익히고 있습니다. - Jo★

초3아들과 몇개월 같이했는데 영어학원에 다녀본적도 없는데 승급을 두번이나 했습니다~~강추라 둘째도 적용예정입니다 감사합니다^^ - 77bvm★★

안녕하세요~ 지금 미드천사 왕초보패턴 공부중입니다 ^^ 제가 영어책을 사서 지루하다고 느끼지 않고 계속 공부한 책은 이 책이 처음이네요. 지금까지 무작정 외우기만 했던 문법들이 이해가 되면서 조금씩 영어에 재미를 느끼고 있습니다. - 우사★

 미리
보기

 소개

 자료
받기

 구매
하기

type
BDSH

실력이 낮다면 꼭 무료 강의를 들으세요.
더 쉽고, 재미있게 익힐 수 있습니다.
책과 관련된 미국 드라마를 재미삼아 보셔도 좋습니다.

단단 기초 영어공부 혼자하기

난이도 **초급** | 말하기 ★ | 듣기 ● | 읽기 ○ | 쓰기 ★ | 무료강의 ★ | 원어민 MP3 ★

기초 영어회화의 끝판 왕! 마이크 선생의 야심작!
마이크 황의 다른 책(미드·영화·명언 등)에서 뽑은
쉽고 흥미로운 문장!

저자 직강 영상 강의! 순화된 문법 용어의 쉬운 설명!

원어민MP3 제공! 한글 발음 병기!

1일 4쪽(4단계), 28일 완성!

(저는) 과거에 영어강사를 했었고, 초등 저학년부터 성인까지 두루 영어를 가르친 경험이 있습니다.
서점에는 책들이 엄청 넘쳐나는데 성인기초학습자에게 괜찮은 책이 마땅치 않다는 것이었습니다.
정말 이런 게 필요했거든요. 여러 수업을 책 한 권에 녹여놓았다 해도 과언이 아니네요. -growi★★

소재가 재미있어서 전혀 지루하지 않아요. 백날 외워도 영어로 말할 수 없고 영어책을 한번도 끝까지 본 적이 없는 제가 이렇게 쉽게 영어공부를 해보기는 첨인 것 같네요~
-recip★★

책 주문하고 3주만에 책 끝까지 봤습니다. 물론 완벽하진 않지만 처음으로 끝까지 끝낸 책이네요. 영어공부 출발에 도움 주셔서 감사드립니다. - neont★★

 소개
영상

 전체
강의

 자료
받기

 구매
하기

type
BTSH

이 수준에서는 많은 책을 보는 것보다,
1~2권을 반복해서 보는 게 훨씬 좋습니다.
이 책만 제대로 익히셔도 영어에 자신감이 생깁니다.

중학영어 독해비급

난이도 초급 | 말하기 ○ | 듣기 X | 읽기 ★ | 쓰기 ○ | 무료강의 ★ | 원어민 MP3 ★

중학교 교과서 13종에서 엄선한 영어 문장을
문법별로 구문독해!

Mike Hwang의 4배 빠른 독해 비법!

깔끔하고 쉽고 빠르게 해석!

무료 유튜브 영상 강의 포함!

끝까지 읽는다면 책값의 100배 이상의 효과가 있음을 저자는 확신하고 있는데요, 먼저 책을 본 저도 확신이 들었습니다...저도 중학영어 독해비급으로 공부해 봤는데, 너무 재미있었습니다. 요런 책으로 가르치면 진짜 재미있겠다는 생각도 들었고요. - gnyju★★

시중에 나와있는 영어책들은 이미 우리 말 문장으로 해석을 해놓았는데 이 책은 직독직해를 알려주더라고요. 영어 그 자체를 이해할 수 있도록 도와주는 책이에요.
- garden54★★

저는 엄마표 영어로 아이들을 키웠고, 현재 중1 아이도 영어학원을 안 보내는데요...이 책은 아이가 문법을 전혀 배우지 않은 상태에서도 아주 쉽게 영어독해의 기본을 읽어 본 느낌이랄까요. 쉽게 나와 있어 좋았습니다. - oooio★★

 소개 영상

전체 강의

자료 받기

 구매 하기

type
BTRH

'중학 영어' 독해비급이지만, 성인·초등학생이 봐도 좋습니다.
평소 해석이 애매하게 되거나, 해석 속도가 느린 분께 추천합니다.
2024년에는 〈고등영어 독해비급〉을 출간할 예정입니다.

챗GPT 영어명언 필사 200

난이도 **초중급** | 말하기 X | 듣기 ○ | 읽기 ● | 쓰기 ★ | 무료강의 X | 원어민 MP3 ★

100만원 상금!
챗GPT와 마이크 선생의 영어 명언 대결!

영어 필사하면 자연스럽게 익혀지는
영어독해와 영어단어! 이해를 돕는 해설!

전체 문장 원어민 음성 파일로
영어회화·리스닝 실력 향상!

챗GPT가 창작한 명언 50개 부록 제공.

너무 좋아요! 영어 울렁증으로 해도해도 반복되는 상황이었는데.. 강추입니다! ㅎㅎ - tan**

발음이 어렵거나 긴가민가한 단어들은 꼭 '색깔'로 표시되어 있어 해설은 물론 대응되는 한글을 손쉽게 확인해 볼 수 있어 여러모로 도움이 되었다. - art_bun**

영어필사 책이지만, 두 명언을 비교해 가며 읽어나가는 재미도 꽤 쏠쏠합니다ㅎ 좀 더 재미있게 필사할 수 있었어요. - pureun*

요 큐알로 발음듣는 거 진짜 편하더라구요. 딱 원하는 것만 들을 수 있으니ㅎㅎ - 2kbe20**

미리 보기

자료 받기

이벤트 참여

구매 하기

type ATRH

하루 1~2문장만 적어도 좋습니다.
꾸준히 영어를 즐기고 싶으신 분께 추천합니다.

유레카 팝송 영어회화 200

난이도 초중급 | 말하기 ★ | 듣기 ★ | 읽기 ● | 쓰기 ● | 무료강의 ★ | 원어민 MP3 ★

포기하지 않고 더 재미있게 영어를 익힐 수는 없을까?

영어와 작곡을 복수 전공한 북디자이너 Mike Hwang이
2년간 야심차게 집필한 가장 완벽한 팝송 영어!

MBC의 설문조사로 뽑은 한국인이 가장 좋아하는 팝송 200곡!
즐기면 영어회화+듣기+쓰기+발음+문법+어휘 2500개가 익혀진다!

유튜브 저자 직강(rb.gy/ttuwi), 카카오톡 지원(rb.gy/2ettr)!
단락별 시간 표기, 1.5배 큰 글씨, 영한대역 구성, 한글발음 병기!

미리
보기

자료
받기

전체
강의

구매
하기

type
ATSH

44

딸 루나(10살)과 어머니(60대)의 영어 실력을 위해 집필했습니다.
음악과 가사가 주는 즐거움! 영어 회화, 발음, 어휘, 듣기 등
실력 향상을 위한 다양한 장치를 고민했습니다. 무료 강의 꼭 보세요!

6시간에 끝내는 생활영어 회화천사
5형식/준동사(초중급) | 전치사/접속사/조동사/의문문 (중급)

난이도 초중급 | 말하기 ★ | 듣기 ○ | 읽기 X | 쓰기 ● | 무료강의 ★ | 원어민 MP3 ★

가장 유명한 생활영어책 15권의 약 20,000 문장에서,
원어민들이 많이 사용하는 3,946문장을 모아,
문법별로 분류하고, 학습에 좋은 문장을 뽑아
<6시간에 끝내는 생활영어 회화천사> 두 권에 담았다!

1문장을 알면 생활영어 17문장이 따라오는,
말할 때의 사고방식을 적용한
신개념 영어회화 문법패턴! 무료강의 제공: goo.gl/8id6df

그동안 수많은 영어책을 구매해서 실패했습니다. 2회독 이후로 영작하고 사전을 찾게 되고 저한테는 영어를 흥미 있게 만든 교재입니다. - 운**

시간 날 때마다 틈틈이 책을 읽으면서 공부했는데 제목처럼 6시간 안에 끝냈던 것 같다. 이제 3~4회 정도 다시 읽고 외우면서 내 표현으로 만들어보려고 한다. 가장 기본적이고, 기초적인 영어회화 공부를 시작하려는 분들께 추천하고 싶다 :) - db**

많은 회화책들을 읽어봤지만 내게 도움이 되는 책은 별로 본 적 없었다. 이 책은 처음으로 내게 영어가 말로써 느껴졌다. 문법을 적용 시켜서 말로 어떻게 쓰이는지 너무나 쉽게 풀어 써주니 영어로 말할때 뭐부터 내뱉을지 잘 모르겠던 내가 작은 문장이지만 말이 나오기 시작했다. - ho**

 미리 보기   소개   자료 받기   구매 하기

type ADSH   책에 수록된 생활영어 표현으로 부족하다면,
52쪽의 <생활영어 문법패턴>을 보세요.
같은 문법의 더 많은 생활영어 표현을 익힐 수 있습니다.

이상한 나라의 앨리스 영화영어 공부

난이도 중급 | 말하기 ★ | 듣기 ★ | 읽기 ★ | 쓰기 ○ | 무료강의 ○ | 원어민 MP3 ★

전체영상 DVD, 공부법 강의 제공!

1365개의 문장별, 속도별 MP3 제공!

세이펜/휴대폰 지원!

영어 자막/한글 자막/자막 없음 영상 제공!

진짜 영화 속도로 듣고 말한다!

그동안 영화나 미드로 정말 많은 시간을 공부에 투자했는데, 이 책으로 한 달간 공부한 게 더 많은 학습이 된 것 같다. - kkw5**

오늘 받자마자 공부를 시작해 봤는데 진짜 완전 재미 있습니다. 영어 책이 이렇게 잼있을 줄이야. 진짜 제가 최초로 완독하는 영어교재가 될 것 같습니다...가격이 아무리 비싸도 이 정도 퀄리티면 계속 구매할 것 같습니다. 저자의 노력이 마구마구 느껴져 감동까지 받게 되네요. - ce**09

주변에서 영화나 미드로 공부하면 좋다고 시도해보았는데, 제게는 늘 어렵고 지루했어요. 그러나 이 책을 사용하고 난 뒤 영어공부가 너무 재미있어졌네요. 간단하지만 중요한 문법들도 차곡 차곡 정리되었고요. 그리고 디테일한 설명과 섬세하게 준비해주신 mp3 파일에도 너무 감동했어요. - hearthans**

 미리 보기

 공부법 영상

 자료 받기

 구매 하기

type
ADSH

46

영화 한 편으로 배우는 책 중에서
이 책보다 좋은 책은 없습니다.
6달 어학 연수보다, 이 책 1달 공부가 나을 수 있어요.

영어명언 만년 다이어리

난이도 중급 | 말하기 ○ | 듣기 ○ | 읽기 ● | 쓰기 ★ | 무료강의 ○ | 원어민 MP3 ★

작심삼일을 없애는 영어+인문학+다이어리!

Mike Hwang이 5000개의 명언과
수백 권의 책에서 엄선한 명언 365개!

365일 하루 한 문장 내 인생을 빛내줄
위인들의 사랑명언·성공명언!

매주 같은 문법별 명언, 단어 힌트, 단어 색깔로
누구나 쉽게 영작 가능!

문장을 읽다보면 빠진 부분을 완성하고 싶다는 생각이 들게
한다...우리말 해석을 각각 다른 색깔로 표기를 해두어서, 누
구나 어렵지 않게 문장을 구성할 수 있도록 도와주고 있다.

이렇게 친절하게 작문을 도와주는 영어관련 서적은 본 적이
없는 것 같다...영어공부를 하기 위해 별도의 시간을 내기는
힘들지만 영어 공부를 놓치고 싶지 않은 사람들에게 이 책은
아주 매력적인 책이라 생각된다. - lhj**

 미리
보기

 자료
받기

공부법
영상

 구매
하기

type
ATSH

하루 한 문장씩 적어 보고 그날 계획을 짜는 데에 좋습니다.
이 책의 수준부터는 영어로 기본적인 대화하는 데에는
큰 어려움이 없으신 분께 추천합니다.

4시간에 끝내는 영화영작

기본패턴(중급) | 응용패턴(중급) | 완성패턴(상급)

난이도 중급/상급 | 말하기 ● | 듣기 ○ | 읽기 X | 쓰기 ★ | 무료강의 X | 원어민 MP3 ★

쓰기가 되면 말하기도 된다!

평점 9.0 이상의 영화 240개에 담긴
2400개의 명대사를 분석해 엄선한 문장!

마이크 황의 응용 기능한 문법패턴으로 배우는 영작문!

영상, 원어민 MP3, 대본은 보너스!

영어가 재밌는 언어인줄 몰랐어요~...저 또한 시작과 포기를 반복하곤 했었어요... 지루하지 않고 무척 이해하기 쉽게 설명되어 있으니... 내 스스로 영작하고 있는 사실에 놀랐어요. - mi**im

정말 4시간에 끝내는 영작 한 권 막 끝냈을 때 말이 보다 편하게 나온다는 걸 직접 느꼈습니다. 반복학습을 통해 꾸준히 연습해보랍니다... 영어 교재 혹해서 엄청 많이 구매했습니다. 하지만 끝까지 완독한 경우는 이번이 처음입니다. 재밌게 읽다 보니 다 읽었고 아쉬움이 남기 까지 한 건 뭐죠?? ㅎㅎㅎ 감사하고 감사합니다. - nailddu**

 미리 보기

 자료 받기

 구매 하기

---

type
ATSH

유학/이민/시험 준비 중이시면, 수준에 따라 약 1~2달간, 먼저 〈미드천사 (40쪽)〉, 〈생활영어 (45쪽)〉, 〈영화영작〉 중 하나를 익히시고, 이후에 1~2달간 〈앨리스 영화영어(46쪽)〉나 〈TOP10 연설문 (50쪽)〉 중 하나를 반복해서 익히세요.

잠언 영어성경

난이도 중급 | 말하기 ○ | 듣기 ● | 읽기 ★ | 쓰기 X | 무료강의 X | 원어민 MP3 ★

삶의 태도부터 사업 기술까지 직독직해로 익히는 성공원칙!

획기적인 영한대역으로 쉽게 공부하고,
직독직해를 통해 말하기 실력으로 확장!

점점 빨라지는 원어민 MP3와
받아쓰기용 PDF를 활용하여 듣기 실력도 향상!

영어 실력의 향상뿐만 아니라 그리스도인의 삶이 지금 막막하다면, 갈수록 벽에 부딪힌다면 지금 이 책을 열어보라. 하나님께서 주시는 지혜의 위대한 능력을 통해 병든 내 삶이 완전하게 치유될 것이다. 영어 실력의 향상... 이것은 그저 보너스일 뿐이다. - yirzh★★

잠언을 낱낱이 해부하여 교훈에 따라 묶어낸 저자의 노고 덕분에 이 책은 영어 교재와는 별도로 솔로몬의 메시지를 명료하게 드러낸 금언집이 되었다. 전혀 다른 장과 절을 하나의 주제로 엮은 결과 내용을 헤치기보다는 각인 효과를 더해주는 느낌이다. - kstk★★

비록 교는 다르지만 정말 읽어볼 만한 책!...영어 실력을 다지며 삶의 지혜를 익힐 수 있는 구성이 너무 좋았습니다.
- tiffany71★★

 미리 보기

 자료 받기

 구매 하기

type
ATRH

마이클리시 매출의 1/10은 성경 관련 일을 하거나, 어려운 이웃을 돕는데 쓰고 있습니다.
이 책은 '성경 다시보기 시리즈' 중 하나로, 다른 두 권은 56쪽에 있습니다.

TOP10 연설문

난이도 **중상급** | 말하기 ★ | 듣기 ★ | 읽기 ★ | 쓰기 X | 무료강의 ★ | 원어민 MP3 ★

깊은 감동과 깨달음, 유창한 영어 실력을 한 번에!
한국에서 영어 좀 하는 사람들은 전부 '받아쓰기와 쉐도잉'을 했다.

가장 유명한 연설 10개 전문! 링컨, 케네디, 스티브 잡스, 오바마,
스티븐 스필버그, 간디, 예수 그리스도까지!

영한대역으로 어려운 단어는 같은 줄에서 바로 확인 가능!

연사들의 실제 육성과 영상 제공! 무료 음성 강의 제공!
이제 자막없이 영화와 미드가 들린다!

영어 공부하는 책이라는 느낌보다 하나의 연설문을 읽으며 영어공부도 할 수 있는 책인 것 같다. 지루한 영어문장을 해석하며 머리가 아프다면 이 책으로 꼭 공부하길 추천한다. 영어와 인생 공부를 같이 하는 느낌이다. - pillar**

작가의 정성이 얼마나 곳곳에서 발견되는지 페이지를 넘기면서 감탄의 연발이었는데요. 저가 처음 책을 접하기 전 느낌은 연설문의 글만 가득해서 가독성이라던지 실제 영어 듣기가 될까라는 생각도 들었는데요. 저가 책을 읽어본 결과 그런 고민은 정말 쓸데없는 기우라는 것을 알게 되는데요. - toshi**

 강의 듣기

 미리 보기

 자료 받기

 구매 하기

type
ADSH

영어로 의사 소통하는 데에 어려움이 없고, 더 유창한 영어를 하고 싶으시면, 고민하지 마시고 이 책 보세요. 연설문 한 편이 인생을 바꿀 수도 있습니다. 출판사의 모토인 '즐거운 영어, 올바른 성품'에 가장 어울리는 책입니다.

TOP10 영한대역 단편소설

난이도 **상급** | 말하기 ○ | 듣기 ● | 읽기 ★ | 쓰기 X | 무료강의 X | 원어민 MP3 ★

축구 선수 호날두는 문신을 하지 않는다. 문신하면 1년간 헌혈을
할 수 없기 때문이다. 그런데 이 사실은 평생 기억될 것이다.
이미 호날두와 축구에 대한 맥락이 있었기 때문이다.

가장 좋은 맥락을 찾기 위해 단편소설 150편을 읽고 뽑은 10편!
이 책을 반복하면 2000 ~ 5000단어를 쉽게 익힐 수 있다.
토익, 토플, 편입, 공무원 단어의 60%는 끝난다.

소설 전체 원어민 오디오 북 제공!

서점에서 일하다 보면... (영어학습서가) 별의별 것들이 다
있는데 그중 읽기 그것도 '소설'을 읽는 것을 진지하게 다
룬 책은 이것만 한 것은 보지 못했습니다... 살다 살다 영어
학습서를 평론할 일이 있을 줄 몰랐습니다. 그만큼 신선했
고 재미있고 고마웠습니다. - slrad★★

영어 공부의 무엇이 어려운지 아는 사람이 만들었구나,
싶은, 편집 하나하나에 정성이 느껴지는 그런 책이었다...
재미있는 이야기로 술술 읽으며 페이지를 넘기기 때문에
공부한다는 느낌보다는 책을 읽는다는 느낌이 더욱 강하
다... 의역하기보다는 직독직해했다는 점이.. 나는 공부
하는 입장에서 이러한 해석이 오히려 굉장히 도움이 되었
다. 의역했다면 잘 알기 어려웠을 단어들도 직역했기에 뜻
을 더 명확하게 알 수 있기 때문이다. -kyul10★★

 미리
보기

 자료
받기

 구매
하기

type
ATRH

영어 원서 볼 때 모르는 단어는 매번 사전을 찾아야 해서 불편합니다.
이 책은 혁신적인 영한대역으로 그런 불편함을 없앴습니다.
책 전체 원어민 MP3로 말하기·듣기 학습이 가능합니다.
2024년부터 〈영어원서〉시리즈도 출간할 계획입니다.

난이도 **상급** | 말하기 ★ | 듣기 ● | 읽기 ★ | 쓰기 ○ | 무료강의 ● | 원어민MP3 ★

구매하기

스티브잡스 연설문 영어 쉐도잉
+오 헨리 20년 후 단편소설

스티브 잡스의 스탠포드 연설문 전문 수록.

영어 쉐도잉으로 말하기+듣기 실력 일취월장!

<TOP10 연설문(48쪽)>에서 발췌.

'오 헨리의 20년 후 단편소설'은 <TOP10 영한대역 단편소설(49쪽)> 에서 발췌.

난이도 **중급** | 말하기 ● | 듣기 ○ | 읽기 X | 쓰기 ★ | 무료강의 ● | 원어민MP3 ★

구매하기

생활영어 문법패턴
+장소별 여행영어 519

<6시간에 끝내는 생활영어 회화천사(43쪽)>을 만들고 남은 약 3500 문장에서 선별한 265문장을 마이클리시 독자분들과 함께 만든 책.

'장소별 여행영어 254문장'은 <8문장으로 끝내는 유럽여행 영어회화(36쪽)>에서 발췌.

원어민 MP3, 학습 영상 강의 제공.

난이도 **초급** | 말하기 ★ | 듣기 ○ | 읽기 X | 쓰기 ○ | 무료강의 ★ | 원어민MP3 ★

구매하기

마이크 선생의 4시간
유튜브 왕초보 영어 문법

<단단 기초 영어공부 혼자하기(41쪽)>에서 '영어문법' 부분만 발췌해서 담았다.

각 장의 QR코드로 저자 직강 유튜브 영어강의를 볼 수 있다. 매번 영어책을 앞부분만 읽고 포기했었다면, 이번에는 끝까지 읽을 수 있다. 영어가 쉽고 재미있다.

난이도 **입문** | 말하기 X | 듣기 X | 읽기 ○ | 쓰기 ★ | 무료강의 X | 원어민MP3 ★

알파벳 따라쓰기 572 점선 따라쓰기
+대표 발음기호

구매하기

알파벳을 익히려고 만 원짜리 책을 사기는 부담스럽다. 인터넷의 자료는 쓰는 순서가 맞는지 의심스럽고 프린트도 번거롭다.

이럴 때 필요한 '알파벳 순서 점선 따라쓰기'!
알파벳당 11회씩 대/소문자 총 572회를 쓰고 말하면 알파벳이 술술 익혀진다!

난이도 **입문** | 말하기 ○ | 듣기 ○ | 읽기 ★ | 쓰기 X | 무료강의 X | 원어민MP3 ★

초등영어 파닉스 119
점선 따라쓰기

구매하기

학원에서 파닉스를 배우려면 6개월~2년이 걸린다. 그렇게 익혀도 어차피 완벽하게 읽을 수 없는데, 대표 소리만이라도 빠르게 익힐 수는 없을까?

이럴 때 필요한 '초등영어 파닉스 119'!
알파벳 26개의 대표 소리 30개를 익힌다! 파닉스가 위급할 때는 초등영어 파닉스 119!

난이도 **입문** | 말하기 ○ | 듣기 X | 읽기 ★ | 쓰기 ● | 무료강의 X | 원어민MP3 ★

빈도순 초등영어 단어 112
+빈도순 초등 영어단어 800개

구매하기

수업 시간에 처음 본 단어가 나올 때마다 자신감이 떨어진다. 나만 모르는지 선생님께서는 설명도 안 하신다.

이럴 때 필요한 '초등 영어단어 112'!
교육부 선정 초등영어 단어 800개 중에서 가장 많이 쓰는 단어를 '빈도순'으로 112개를 익힌다. 아는 단어가 나올 때마다 올라가는 영어 자신감!

난이도 중급 | 말하기 X | 듣기 X | 읽기 ● | 쓰기 ★ | 무료강의 X | 원어민MP3 X

구매하기

30분에 끝내는 영어 필기체
+공부명언 필기체 30

종종 보이는 필기체 나만 못 읽나?

더 빠르게 필기하고 싶다면 추천!

영국이나 호주에 간다면 필수!

6가지 필기체와 공부명언 30개로 공부 의욕 뿜뿜!

난이도 초중급 | 말하기 ★ | 듣기 ★ | 읽기 ★ | 쓰기 ● | 무료강의 ★ | 원어민MP3 ★

이벤트참여

팝송 영어공부 (비매품)
유레카 팝송 200 추가책 3곡

영어와 작곡을 복수 전공한 북디자이너 Mike Hwang이
2년간 야심차게 집필한 <유레카 팝송 영어회화 200>을 위
한 추가곡 3곡!

<유레카 팝송 영어회화 200>의 '서평 이벤트'와 '배송비 절
약문고 12권 세트'로만 입수 가능!

난이도 초급/중급 | 말하기 ○ | 듣기 ○ | 읽기 ○ | 쓰기 ○ | 무료강의 ○ | 원어민MP3 X

구매하기

영어 공부법 MBTI
+수준별 영어책 추천

영어 책을 사서 매번 앞 10장만 읽고 포기하는 이유는
내용이 재미 없고, 수준에 맞지 않기 때문이다.

이 책은 수준에 맞는 책을 고를 수 있도록
심리테스트 19문제를 담았고, 그에 따른 영어 공부법과
마이클리시 책 37종을 소개한다.

난이도 **초중급** | 말하기 ○ | 듣기 ○ | 읽기 ○ | 쓰기 ○ | 무료강의 ○ | 원어민MP3 X

구매하기

10 **엄마표 영어** 흘려듣기 절대로 하지 마라!

공교육도, 사교육도, 엄마표 영어도 믿을 수 없다!

잘못된 엄마표 영어 때문에 시간과 돈을 낭비하고, 아이는 고생한다.

공교육과 사교육의 문제점과 그 문제점을 해결하는 방법을 알아본다. 또한, 엄마표 영어의 문제점과, 하루 15분 집에서 영어를 끝내는 비결을 담았다.

2,000원으로 사는 2,000만원 노하우!

난이도 **중급** | 말하기 ● | 듣기 ○ | 읽기 ★ | 쓰기 ○ | 무료강의 ● | 원어민MP3 X

구매하기

악어 현대영어 약어사전 530

"ASL이 뭐예요?"
채팅방에 들어가자마자 ASL을 물었다.

모르면 당황스러운 영어 약어,
많이 쓰는 것만 익힐 수는 없을까?

현대영어에서 가장 많이 쓰는 영어 약어 530개를 알파벳 순서로 담았다. 약어로 줄이기 전의 단어와 뜻, 발음 기호, 4단계의 중요 표시, 그리고 채팅용어 105개는 대화도 수록했다.

난이도 **초중급** | 말하기 ○ | 듣기 X | 읽기 ★ | 쓰기 ○ | 무료강의 ● | 원어민MP3 X

구매하기

용 영어문법 용어사전 300

영어영어 문법이 이해가 안 되는 이유는
배우지 않은 문법용어들이 섞여서 나오기 때문이다.
이럴 때 꼭 필요한 <용 영어문법 용어사전 300>!

영어문법 책에서 가장 많이 쓰는 용어 300개를 쉽게 설명해서 가나다 순서로 담았고, 4단계로 중요도 표시를 하였다. 예시와 예문을 담아 더 쉽게 이해할 수 있다.

아빠표 한글+교육부 선정 초등어휘 세트

마음에 드는 한글 책이 없어서, 직접 1년간 5세 아이들을 가르치며 집필한 한글 책! 세이펜 적용! 강의 제공!

4~6세를 위한 가장 쉽고, 재밌고, 빠르게 익히는 한글 읽기/쓰기!

구성: 4권(한글 읽는 법, 노래 4곡, 쓰기 자료) + **1권**(워크북)
+ **2권**(교육부 선정 1666 단어 어휘 확장) + **포스터 4장**

구매하기

TOP10 돈꿈사

학교에서는 가르쳐 주지 않는 '돈, 꿈, 사랑'의 비결!

어떻게 나에게 딱 맞는 직업을 고르고, 상처를 적게 받으며 일과 사랑을 하고, 살아가는데 충분한 돈을 벌 수 있을까?

Mike Hwang의 시행착오를 거울 삼아, 시행착오를 절반으로 줄이고, 꿈을 10배 빠르게 이룰 수 있다!

구매하기

유태인의 율법: 미츠보트 613

왜 노벨상의 30%를 유태인이 수상했고, 세계 지식과 경제의 중심에 있을까? 그 이유는 하나님을 믿고 율법을 지켜서 복을 받았기 때문이다. 미츠보트는 율법을 613가지로 나눈 것이다.

과연 구약을 어떻게 지켜야 하는지에 대한 의견은 분분하지만, 성경을 믿는 사람은 누구든 미츠보트에 관심이 있을 것이다.

구매하기

여호와의 보증: 기복신앙의 비밀 1.0

하나님은 계실까? 기복 신앙은 옳을까?

하나님께서는 어떤 경우에 사람에게 돈, 명예, 땅, 건강, 행복, 장수, 영생을 주신다고 하셨을까?

무심코 지나쳤던 구절에 숨겨진 엄청난 비밀이 있다. 하나님께서 직접 약속하고 보증하신 성경의 비밀!

구매하기

TOP10 영어공부 (품절)

300명에게 물어 본 3,000만원 아끼는 영어 공부법!

영어 다 있다 카페에 이벤트 참여하면 책 전체 PDF가 무료!

영어 다 있다 카페: 0dada.co.kr

이벤트참여

나만 영어를 못했던 축복 1쪽

영어가 세상에서 가장 싫었던 이유 | 학비를 벌기 위해 | 첫 책을 쓰게 된 계기 |
두 권이 망하고 | 세번째 책 | 저자가 받는 돈 | 영어책을 끝까지 읽지 못하는 이유 |
끝까지 읽을 수 있는 책을 위하여 | 출판사를 시작한 이유 | 나만 영어를 못한 축복

다른 사람의 영어 공부법이
나에게는 안 맞는 이유 7쪽

300명에게 물어 본 영어공부 비법 | 영화 한 편으로 공부했다가 실패하는 이유 |
영어가 안 들리는 이유? | 상황별 영어는 무용지물 | 프리토킹의 환장 |
영어를 잘하게 되는 유일한 방법 | 문법에서 가장 중요한 것 |
문법 패턴과 문장 패턴의 차이 | 영어를 자유롭게 말하려면 걸리는 시간 |
좋은 책 고르는 법 | 꾸준히 공부할 수 있는 비결

집에서 영어 가르치는 법 15쪽

말하기/듣기를 먼저 하는 이유 | 쓰기가 필요한 이유 | 읽기가 필요한 이유 |
루나를 직접 가르친 계기 | 루나가 해온 것들, 하는 것들 | 이후에 루나가 할 것들

영어 MBTI 21쪽

1~29 질문 | MBTI 약어 해설

MBTI 수준별 영어 책 추천 33쪽

영어 책 (입문 ▶ 초급 ▶ 초중급 ▶ 중급 ▶ 상급) | 배송비 절약문고 | 한글 책

도서관 저자 초대 강의 제안 57쪽

강사 약력 | 자기주도 영어 독서노트 | 하루 15분 엄마표 영어

마이클리시 도서 목록 (가나다 순서) 61쪽

Mike Hwang 소개

영어책 작가 마이크 황(=황의민)입니다.

즐거운 영어로 올바른 성품을 기른다는 사명을 갖고,

40권 넘게 영어 책을 냈습니다.

자세한 소개는 본 책(영어공부법 MBTI)의 2~6쪽에 있습니다.

더 많은 분의 영어 공부를 돕고 싶어서 강의를 제안합니다.

오프라인 강의는 한 달에 2회만 할 예정입니다.

먼저 연락 주시면 원하시는 날짜를 선택하실 수 있습니다.

강의에 참석하신 모든 분께 무료로 저서(1~2만 원 상당)를 드립니다.

강의 경력

고촌도서관 '자기주도 영어 독서노트' 강의 (23년 7월/ 3회)

'마이크 선생의 쉬운 영어' 유튜브 youtube.com/@mikehwang

롯데백화점 압구정 강의: 8시간에 끝내는 기초영어 미드천사

서울 미술 고등학교 강의: 나쁜 수능영어

아발론 어학원 강의 (초/중학생)

강수정 영어학원 강의 (성인, 공무원)

연락처 010-4718-1329 / iminia@naver.com

자기주도 영어 독서노트

학생들은 어떤 책을 읽어야 할지, 어떻게 생각하면서 읽고, 독서노트를 써야할지 잘 모릅니다. 그래서 책의 핵심 내용을 파악하는 법과 느낀 점을 효율적으로 적는 비결을 알려드립니다. 몇 년 뒤에 독서노트만 보고도 책의 내용을 알 수 있습니다. 독서노트를 활용하여, 한국어와 영어의 차이점을 기준으로 영작을 접근하는 방법을 알아보고, 챗GPT를 활용하여 스스로 교정할 수 있습니다.

대상
영어를 읽을 수 있는 초등학교 4학년~중학교 2학년

목표
깊이있게 독서할 수 있다. 영어가 재미있어 진다.

구성 (2시간 강의)
강사 소개 20분, 독서노트의 중요성과 쓰는 방법 10분, 고전의 비밀 (신데렐라/미녀와야수/인어공주 등) 15분, 독서노트 쓰기 15분, 영어 잘하는 법 10분, 한국어와 영어의 차이 15분, 챗GPT를 활용한 영작 방법 15분 등

하루 15분 엄마표 영어

자녀의 영어 교육이 중요한 것은 모든 부모님이 알고 계십니다. 그런데 학교에서 배우는 것만으로는 초등학교 졸업할 때까지 파닉스도 떼기 어렵습니다. 그래서 학원에 보내는 분들이 많은데요. 학원에 맡기면 아이가 잘 따라가고 있는지 알 수 없고, 돈만 낭비하게 될 수도 있습니다. 그래서 집에서 15분씩 영어를 가르치는 법, 좋은 학원과 과외 선생님을 고르는 법 등, 영어 고민을 말끔하게 해결해 드립니다.

대상

5살~초등학교 6학년을 둔 부모님

목표

최소의 비용과 시간으로 자녀의 영어를 끝내는 비결을 익힌다.

구성 (2시간 강의)

강사 소개 20분, 학교 수업 예습 방법 15분, 학원/과외 선생님 선택 방법 10분, 직접 아이를 가르치게 된 계기 10분, 흘려듣기를 하면 안되는 이유 10분, 아빠표 영어로 가르치는 법 30분, 아이의 영어 로드맵 짜는 법 10분 등

나만 영어를 못했던 축복 1쪽

영어가 세상에서 가장 싫었던 이유 | 학비를 벌기 위해 | 첫 책을 쓰게 된 계기 |
두 권이 망하고 | 세번째 책 | 저자가 받는 돈 | 영어책을 끝까지 읽지 못하는 이유 |
끝까지 읽을 수 있는 책을 위하여 | 출판사를 시작한 이유 | 나만 영어를 못한 축복

다른 사람의 영어 공부법이
나에게는 안 맞는 이유 7쪽

300명에게 물어 본 영어공부 비법 | 영화 한 편으로 공부했다가 실패하는 이유 |
영어가 안 들리는 이유? | 상황별 영어는 무용지물 | 프리토킹의 함정 |
영어를 잘하게 되는 유일한 방법 | 문법에서 가장 중요한 것 |
문법 패턴과 문장 패턴의 차이 | 영어를 자유롭게 말하려면 걸리는 시간 |
좋은 책 고르는 법 | 꾸준히 공부할 수 있는 비결

집에서 영어 가르치는 법 15쪽

말하기/듣기를 먼저 하는 이유 | 쓰기가 필요한 이유 | 읽기가 필요한 이유 |
루나를 직접 가르친 계기 | 루나가 해온 것들, 하는 것들 | 이후에 루나가 할 것들

영어 MBTI 21쪽

1~29 질문 | MBTI 약어 해설

MBTI 수준별 영어 책 추천 33쪽

영어 책 (입문 ▶ 초급 ▶ 초중급 ▶ 중급 ▶ 상급) | 배송비 절약문고 | 한글 책

도서관 저자 초대 강의 제안 57쪽

강사 약력 | 거기주도 영어 독서노트 | 하루 15분 엄마표 영어

마이클리시 도서 목록 (가나다 순서) 61쪽

마이클리시 도서 목록 (가나다 순서)

제목 (이 책의 수록 페이지)	도서관	인기	쪽수	값	ISBN
2시간에 끝내는 한글영어 발음천사 (39)	○	★	160	7500	9791187158004
30분에 끝내는 영어 필기체 + 공부명언 필기체 30 (54) 2024 신간	x	?	64	3300	9791187158516
4시간에 끝내는 영화영작: 기본패턴 (48)	○	●	128	11800	9791195170227
4시간에 끝내는 영화영작: 완성패턴 (48)	○	○	128	11800	9791195170296
4시간에 끝내는 영화영작: 응용패턴 (48)	○	○	110	11800	9791195170241
6시간에 끝내는 생활영어 회화천사: 5형식/준동사 (45)	○	○	192	13800	9791187158011
6시간에 끝내는 생활영어 회화천사: 전치사/접속사/조동사/의문문 (45)	○	○	192	13800	9791187158035
8문장으로 끝내는 유럽여행 영어회화 (38)	★	○	192	11800	9791187158257
8시간에 끝내는 기초영어 미드천사: 기초회화 패턴 (40)	○	●	160	11400	9791195170289
8시간에 끝내는 기초영어 미드천사: 왕초보패턴 (40)	○	★	160	11400	9791195170265
TOP10 돈꿈사 (56)	★	x	352	14000	9791187158073
TOP10 연설문 (50)	★	★	336	14000	9791187158059
TOP10 영어공부 (56)	★	○	176	14000	9791187158080
TOP10 영한대역 단편소설 (51)	★	★	512	13700	9791187158219
기복신앙의 비밀 (56) 2024 신간	★	?	384	9200	9791187158509
단단 기초 영어공부 혼자하기 (41)	●	★	152	14000	9791187158288
배송비 절약문고 세트 2024 신간	●	?	672	26500	9791187158400
빈도순 초등영어 단어 112 (53) 2023 신간	○	★	64	1500	9791187158462
생활영어 문법패턴 + 장소별 여행영어 519 (52) 2023 신간	○	★	64	1500	9791187158424

도서관
★ 써서 학습하는 부분이 없는 책
● 써서 학습하는 부분이 적은 책
○ 써서 학습하는 부분이 많은 책
x 써서 학습하는 부분이 대부분인 책

인기
★ 12000부 이상 팔렸거나 현재 인기가 많은 책
● 8000 부 이상 팔렸거나 현재 인기있는 책
○ 4000 부 이하로 팔렸거나 현재 인기가 많지 않은 책
x 인기가 없는 책
? 출간 전이라 인기를 알 수 없는 경우

제목 (이 책의 수록 페이지)	도서관	인기	쪽수	값	ISBN
스티브 잡스 연설문 + 오 헨리의 20년 후 (52) 2023 신간	●	●	64	1500	9791187158417
아빠표 영어 세트 (36) ▶	★	●	720	154000	9791187158097 (세트)
아빠표 초등영어 파닉스 (37)	x	●	80	11400	9791187158202
아빠표 한글 +교육부 선정 초등어휘 세트 (56) ▶▶	★	●	1284	86670	9791187158295 (세트)
악어 현대영어 악어사전 530 (55) 2024 신간	★	?	32	5300	9791187158530
알파벳 따라쓰기 572 (53) 2023 신간	x	★	64	1500	9791187158448
엄마표 영어 흘려듣기 절대로 하지 마라! (55) 2024 신간	★	?	64	2000	9791187158561
영어 공부법 MBTI +수준별 영어책 추천 (54) 2024 신간	★	?	64	1000	9791187158554
영어명언 만년 다이어리 : 위클리 플래너 (47)	○	●	128	21000	8809584510026
용 영어문법 용어사전 300 (55) 2024 신간	★	?	32	4300	9791187158547
유레카 팝송 영어회화 200 (44) 2024 신간	★	?	312	22200	9791187158486
유태인의 율법: 미츠보트 613 (56)	★	○	176	9200	9791195170210
유튜브 왕초보 영어 문법 (52) 2023 신간	○	○	64	1500	9791187158431
이상한 나라의 앨리스 영화영어 공부 (46)	●	●	144	18000	9791187158387
잠언 영어성경 (49)	★	●	200	9200	9791195170203
중학영어 독해비급 (42) 2022 신간	○	●	176	15000	9791187158394
챗GPT 영어명언 필사 200 (43) 2023 신간	○	●	224	18500	9791187158479
초등영어 파닉스 119 (53) 2023 신간	x	★	64	1500	9791187158455
팝송 영어공부 (54) 2024 신간	★	?	32	비매품	9791187158523

▶ 〈아빠표 영어 구구단 세트〉 중에서 〈아빠표 초등 영어 파닉스〉와 〈아빠표 영어 파닉스카드 100〉은 도서관용으로 추천하지 않습니다.

▶▶ 〈아빠표 5세/6세 한글공부〉 중에서 〈아빠표 우선순위 한글단어 따라쓰기333〉과 〈1333〉, 〈아빠표 한글원리 포스터〉는 도서관용으로 추천하지 않습니다.

고맙습니다!

10년간 영어 책을 꾸준히 출간할 수 있었던 것은 하나님과 독자 분들께서 많이 도와주신 덕분입니다. 고맙습니다!

감사함에 보답하는 것은 더 좋은 책을 내고, 강의를 올리는 것이라고 생각합니다. 앞으로도 '즐거운 영어로 올바른 성품을 기른다'는 사명을 갖고 최선을 다하겠습니다.

응원해 주시는 모든 분들께서 행복하시길 바랍니다.

궁금하신 점은 언제든 010-4718-1329로 문자 주세요.

영어 MBTI + 수준별 영어책 추천
1판 1쇄 2023년 12월 14일 | **지은이** Mike Hwang | **발행처** Miklish
전화 010-4718-1329 | **홈페이지** miklish.com
e-mail iminia@naver.com | **ISBN** 979-11-87158-55-4